SV

Friederike Mayröcker

Scardanelli

Suhrkamp

Druck: Druckhaus Nomos, Sinzheim
Printed in Germany
Erste Auflage 2009
ISBN 978-3-518-42068-3

1 2 3 4 – 14 13 12 11 10 09

Scardanelli

Hölderlinturm, am Neckar, im Mai

diese Prise Hölderlin
im hellroten Hölderlinzimmer /
im Korridor stehend
fällt mein Blick auf die roten Blumen im Glas
gesäumt von abgefallenen
Blütenblättern
nichts sonst /
das Zimmer leer nur die Vase die Blumen
zwei alte Stühle –
ich öffne ein Fenster
im Garten sagst du die Bäume
sind noch die gleichen wie damals
aber man hört einen Ton Musik *es*
glänzt die bläuliche Silberwelle

für Valerie Lawitschka

6.6.89

Hölderlinturm, am Neckar, im Mai

diese Prise Hölderlin
im hellroten Hölderlinzimmer /
im Korridor stehend
fällt mein Blick auf die roten Blumen im Glas
gesäumt von abgefallenen
Blütenblättern
nichts sonst /
das Zimmer leer nur die Vase die Blumen
zwei alte Stühle –
ich öffne ein Fenster
im Garten sagst du die Bäume
sind noch die gleichen wie damals
aber man hört einen Ton Musik *es*
glänzt die bläuliche Silberwelle

für Valerie Lawitschka

6.6.89

erschrecke zuweilen dasz der zu dem ich
spreche nicht da ist, gelbe und rote längliche
Blättchen vom Robinienbaum wehen zur Erde, dann
durch die Quergasse ins BÜRGER CAFÉ, lesend mit
Blüten und Wolken, o Jesu dein Blut wer kann mich
erretten, mit Eichen bedeckt und *seltenen Tannen*, dieser
rasche Abschied du eilst zum Wagen die Steine von Syphnos mit
blaugrünen Brauen während die Schnittblumen messer-
scharf in der Wiese, die knallharte Mnemotechnik, Gedächtniskunst,
automatisiertes Hersagen An- und Ausziehen Lesen, tropfe
tupfe auf den Asphalt oder meine knarrenden
Schritte. Das Küchenfenster steht offen mein Hirn
in den Kniekehlen, atme schwer

15./16.10.04

der Waldesschatten (damals) zerrte mir
das Herz aus dem Leib ich strauchelte über
die Wurzeln des Wegs entgegen kam uns 1 schöner
Wanderer mit Alpenhut und einer Blume in seiner
Hand wir blickten uns an ohne jedoch einander zu
grüszen die grünen Finken im lichtgrünen Laub das Licht
durch die Wipfel der Bäume ich war glücklich schritt langsam
voran zur rechten der See 1 wenig bewegt

für Georg Kierdorf-Traut

16.1.08

»Apfelhäutchen«, Durs Grünbein / illuminiert von den Schaafen

ungewaschen an der Maschine halb 4 Uhr morgens später
seitlich den Kopf an dem sprachlosen Lamm das mich
schläferte endlich eigentlich Schaafes Locken dessen
Schäfer ich war im Traum

18.1.08

mit Scardanelli

im Grunde deines Mundes, damals
wann weisz die Schwalbe dasz es Frühling
wird nachts nadelst du als Regen an mein Fenster ich
liege wach ich denke an die Nachmittage umschlungenen
Mitternächte, vor vielen Jahren diese Rosenkugeln die
Schaafe auf der dunklen Himmels Weide

19.1.08

und saszen auf der Bank inmitten Tannen und Gebüschen küszten
uns nicht vielmehr an Händen haltend, dämmernd 1 Wald : 1
Hausberg »Kogel« in Winterbach ich glaube '55, da auf den Wiesen
auch verweilten *diese Schaafe*, und jetzt nach so viel Jahren
Tränenjahren mitten im Winter Blättchen sprieszend (»*wo
die verborgenen Veilchen sprossen*«) unter halb hochgezogenen
Blenden *mein Bibelchen mein Flügelhorn* ich habe dich doch
überall geheiratet

22./23.1.08

ekstatischer Morgen, für Linde Waber

den spiegelnden Waldweg hinauf nämlich spiegelnd vom
blendenden See zur rechten als uns 1 schöner Wanderer
und ich über die Wurzeln der mächtigen Bäume strauchelte
während die klirrende Sonne nämlich das hohe Mittagslicht
stäubte durch das Gewölb der Wipfel damals in Altaussee
und die Föhren zur linken (windzerstoben) hauchdünner
Tag. Wie Mutter einst wenn ich fortging 3 Kreuzchen : Knospen
von Kreuzchen mir pflanzte auf Stirn Lippen und Brust so
auch du ehe wir Abschied nahmen, dieser Buschen Brennessel-
wald duftend in Bettnische usw.
wo die verborgenen Veilchen sprossen

24.1.08

Velázquez *diese Schaafe*, der offizielle Ozean »Rubin
der Rücklichter wenn Autos bremsen« (John Updike) vermummte
Luft »knisternde Liebe« zu allen Menschen (plötzlich) den
Kopf gewandt zum Fenster welches GEPUTZT mit Weiszdorn-
zweigen phantasierten Ästchen und Narzissen, es ist der Januar
mit Morgentränen aufgemalten Rosen auf den Fensterscheiben ich
weine viel die kl.heilige Frau kommt mir entgegen ich möchte sie
umarmen, ich möchte *bleiben* die Lupe in der Hand ich möchte
leben Hand in Hand mit Scardanelli, das Lamm in meinem Bett
die Schäbigkeit meiner Zwischenzeit ekstatisch ahnungslos (ent-
flammt) wie damals als Vater mich fotografierte in meinem
weiszen Kleid und 1 Strähne Haar (hatte den Kopf gedreht)
ins Auge wehte –
sein feuriger Kusz beim Abschiednehmen er küszt mich 3 × auf die
Wange (nach schweizer Art) Weiszdorn sagt er und blickt zum
Fenster wo junge Blättchen *wo verborgene Veilchen schwärmten*
DÜRRLINGE sagt er in einer *Kappe* eingesammelt (im Buckelkorb
die greise Mutter auf den Berg getragen, damals). Die Blättchen
in dem Glas geknickt von einem Winterstrauch, *1 Buschen Seelen-
angst* vielleicht umnachtet, windverweht *so die verborgenen
Veilchen sprieszen*, folgte mir in die Küche wenn ich den Tee
aufstellte : war 1 Höflichkeit, ach mein Gehirn (Gedicht) ver-
dampft, von Berberitzen Sträuchern von Granada geträumt vom
Stillen Ozean vom Marmarameer der feuchte krumme Klee auf meinen
gestern hingekritzelten Notizen, *im Augenwinkel auch 1
Heimatbrüllen usw.*

28.1.08

dieser *Leiterwagen* dieses Schluchzen diese 70 Jahre danach
dieses mit Mutter hinauf die Dorfstrasze hinauf (damals in
D.) das Kreuz der Deichsel in den Händen ach weiszt du
noch der ockerfarbene Staub der Strasze an meinen Füszen
(nackt), das Kreuz auf der Anhöhe wo die Felder Wiesen
sich breiteten wie mit offenen Armen und wir zum nahen
Steinbruch die kl. und gröszeren Steine einsammelten diese
Grotten Gottesblumen in D. *während über dem Stege begannen
Schaafe den Zug usw.*
jemand, 1 Traum, hügelt mir wie Schnee oder Schwan, 1 POMP die
beweglichen Primeln über dem Wasser / Mystifikation eines
Lebens 80 liebliche Sommer ach weiszt du noch die Erdbeeren
in den Beeten (mit Steinen bekränzt) im groszen Garten die
Hauswurz die weiszen Lilien der Hibiskus in den Wolken in
den duftenden Lauben die MADONNA gesehen *wo die verborgenen
Veilchen sprossen*
(aber es fallen auseinander meine Gebeine . .)

6.2.08

auf dem Cobenzl

jenes Eckchen von Erde mit dem blau bemalten
Hydranten : dem plätschernden während die Eichengipfel
auf den Cobenzl : den beinah ebenen Waldweg aufwärts an
den Pferdekoppeln vorüber wo auch Eselinnen und rote
Ziegen dann zum Aussichts Rondeau wo der Blick schweift
zu den dunklen Höhen hinüber den blanken Tälern : gleich-
mäszig rauschend der Flusz in ihren Armen, später
düsteres Waldstück mit VERWANDTEN honigreichen Vogelstimmen
bis zum steilen Pfad mit den feuchten (phallischen) Wurzeln
während aus der schrecklich sprieszenden Schlucht zur
rechten die zahmen Thiere : *wolligen Schaafe* hochstiegen als
seien ihnen Flügel gewachsen – ach es drängte mich deine
Hand zu ergreifen um dem Bedürfnis nicht nachgeben zu
müssen mich in den Abgrund zu stürzen (dem blüthenlosen)
als das linke das kranke Auge zu thränen begann : die Wimper
1 reiner Brunnen pochend 1 Regengusz die Thränen die lachrymae,
John Dowland

8.2.08

während du dieses sprichst sagt Elke Erb sehe ich *Lametta* erscheint *Lametta* mir im *Tannich* welcher aber mit jg.Fichten
wie sie eng beisammen standen im dunklen Wald gleichmäszig trocken
rauscht der Flusz der *Frauenmund* was 1 Pflanze ist der Schlehe
ähnlich hinweggespült später das Allgemeine Tränenreiche dieser Welt wenn aus dem Himmel hellere Welle sich herabgegossen
die blüthenlosen Wälder (Schaafe) *die Wasserfraun* so lag in
seinen Armen ich es ist 1 Anschauen gewesen sagt Elke Erb im
Telefon in einem *Tannich* sah ich dasz *Lametta* (der jg.Berge
Gipfel und duftenden Pflaumen Wälder und Epheu) lustathmend
dann im Ozean grauer Wildnis die 1.Blumen (Inseln) :
die *Erstlinge* die Primel Himmelschlüssel Krokus und schwankend
aus der Erde als sie mit Mutter (in grauem Gewande) durch diesen
Garten in welchem die Kräuter sprossen : nur dieses Bild in
P. wie Veilchen Leberblümchen in diesem Garten : seltsam genug
nur dieses Bild alles übrige gelöscht in mir nur dieses Bild
Mutter in grauem Gewand und sie, Hand in Hand
(»1 online Wickel Windel 1 Lampenschein in meinem Bett als ich
erwachte, die Pergola mit Waldrebe und Klematis, 1 hingerissener
Donausturm im Luftgefilde, damals Beth Bjorklund sagt, ich
komme wieder (»das Jesulein . .«))
und immergrüner Haine voll als ich wie einst auf diese süsze
Stadt FLORENZ von 1 Hügel aus heruntersah / jedoch und zu
den Alternden schon zählt man mich obwohl ich lieber mich gesellen möchte zu den jungen (*Ros' ihrer Wangen*)

Scardanelli

12.2.08

an EJ

er lädt mich zum Essen es war schon Frühling wir waren
uns eins ich spürte die Fülle seines Geistes er trank
1 Glas Rotwein und mehr ich blickte ihn lange an faszte
nach seiner Hand die Zeit verging noch nicht so rasch wie
heute er wuszte Bescheid ich war geborgen *an Gängel-*
banden wie Kinder hält und es listet die Seele Hölderlin
Limonen nämlich heilig gesprochen in zerfetzter Kiste KONSUM
Limonen nämlich wo der südliche Himmel. Fröhlich waren
wir eine stille Fröhlichkeit *ach ahnungslos* war ich und
Vorfrühlingsmittag, sein Sacktuch (kariert) auf dem Gasthaus-
tisch die KNOSKE (nein, nicht KNOSPE) von Ponge –
das Nerven und Tanzen und in der Laube in der wir saszen sein
Herz (sein Schatten) das für mich schlug, jedes Eckchen der
Erde jede Hecke Halde Blume des Dichters : warme
Asche
1 Teebeutelchen ist INRI 1 kl.Vogelschädel auf unserem Bett

24.2.08

ich öffne weinend die Tür und es fällt mir vor die Füsze : fällt mir ein DIE DEMUTH und an der Türschwelle *das nackte Gewässer* Höld. Hungerblümchen mein Herz gebückt : pochend mit den lauen Regengüssen wie einst in D., *bleich* bin ich geworden und immer noch voll Sehnsucht, während der *bleiche* Himmel am Fenster, demütig unterwürfig sogar kein Quentchen Stolz in mir, da ich müszig und still über die Berge wo die trinkbaren Frühlingsblüthen, oder mit Tränen den Tag (anhebt der Tag der Morgen dessen wilde Seele) eingeschlossen in mein Gelasz während drauszen der Frühling mit seinen mächtig sprieszenden Kelchen *weil es listet die Seele* Höld. während in den Armen der Mutter : der Vögel welche vorüberbrausen an meinem Fenster : ahne nur ihre Natur, in den Auen die weiszen Matten von tausenden Schneeglöckchen weisze Schneeglöckchen Felder in den Auen (*solche Fäustlinge* : 1 Verlesung) des Wiener Waldes nämlich die *Begängnisse* der weiszen Blumen 2-flügelig deine schwarze Hand wie du an der Tür des »Kl.Café« Franziskanerplatz vorüber im Dämmerschein (schwarzer Mantel), ich fahre durch 1 Postkarte begabte Bäume (diese Süszigkeit : *latin lover* smarter Kellner im Café Tirolerhof mit Affektion und entzündender Jüngling mit schwarzer Locke / *das Nerven und Tanzen*) ahnungslos bin ich die Ovarien schlafen, sagt Edith S., bin seelenkrank hl.Onanie bin ahnungslos auf der Wiese *verweilen die Schaafe* ahnungslos bin ich *rapide* wechselt die Natur ihre ZEILEN = Zeiten sie ist auszer sich auszer Atem, kann zusehen wie sie aus Schneeflocken Feldlerchen macht aus Eisblumen junge Blättchen, dieses zerzauste Flüstern der 1.Tulpenkelche
in tiefer Nacht die Nähe deiner Stimme in tiefer Nacht die Trauer deines Herzens sehe die zärtlichen Veilchen in deinen Augen, so

faszt du mich an der Hand während wie 1 Lauffeuer Kandinskys »exotische Vögel« von 1915. Die entzündete Brust der Strophen an die Hügel gelehnt *während grüner lebendiger Epheu*

29.2.08

An.

dasz ich so unterthan bin wohl geh ich täglich zum
Felsen, wo die Rosen, blühn (Höld.), dieser Blick
vom Hang groszen grünen Hang hinab in die *murmelnde* Stadt
Florenz damals so stand ich stand auf dem grünen
Hügel der voll Ölbäumen oder ich blickte vom Fenster
aus in den Hain der Ölbäume (Hain) dasz mir zitterte das
Herz ich war noch in meiner Jugend und der Himmel unendlich
schien über der Stadt Florenz damals mit Sara, Roberto, an
SEINER Hand, lang standen wir so, versunken in den Anblick der
(*inszenierten*) Stadt Florenz während die vielen Jahre der
Liebe noch vor mir Jahre der Trauer der Tränen der Sehnsucht
unwissend ahnungslos ich (*wenn ich wie 1 unzeitige Blüthe*) Höld.
wohl geh ich oftmals in deinem Schatten in deiner Weis-
heit seh bald ins Grüne der Fluren des Wiener Walds aber nimmer
vergesz ich den Blick von der Anhöhe (waren die Gräser schon
gelb?) in die liebliche Stadt Florenz, mit den Freunden.
Gealtert nun nach so vielen Frühlingen Wintern flüchtigen
Sommern, belauscht im Laube damals mein Herz
(während am Horizont der Saum der atemlosen Zypressen)

für Kurt Neumann

4.3.08, 5 Uhr früh

Venedig Phantasie

dieser *alte Engel* mit unserem Gepäck voraus-
eilte und in der bewegten Menge verschwand und wir ihn
noch 1 letztes Mal sahen im bedeckten Himmel von
Venedig, weinte ich sehr suchte die Hand des Freundes und
blickte himmelwärts : aber der *alte Engel* zeigte sich nicht in-
dessen schon zu lange wandele ich in der Werkstatt der
Blumen wie 1 Unheiliger »und vielleicht süsz die Stadt«

(es rissen sich los die Worte am heutigen
Morgen ich spucke Blut keuche durch Amselgärten und
Blüthentod habe die Fische gewickelt in altes Zeitungspapier)

11.3.08

die Lebens Wooge Höld. eigentlich Tödlein

Tübingen als wir trabten den schmalen Wiesenweg Pfad : den Wiesenweg trabten den Neckar zur linken wie er schon flosz und flutete Jahrhunderte lang wie seine Wellen begleiteten uns da wir trabten an Kräutergärtlein vorüber an blüthenreichen Gestaden Harz in meinen Köpfen, notierte ich damals »Schatten eines Hundes im Flusz«, es war mein eigener Schatten *und weilten noch am Pfade die Blumen indem die Töne schüchtern die Nachtigall,* Hölderlin – so grünte lebendiger Epheu DER ÜBERMUTH : damals in R. beseelt als besessen in Übermuth : halbnackt durch die taufrischen Wiesen am Morgen und dasz ich ihm sagen konnte was ich sonst niemandem hätte sagen können aber niemals fand ich *nimmer* ihn wieder (das verschwommene Foto seiner Hände die 1 aufgeschlagenes Buch halten nur seine Hände nicht sein Gesicht) – Waldmeisters Duft in den Wäldern des Tödleins, im Augenwinkel 1 schmutziger aufgeweichter Himmel von Stürmen zerwühlt usw. und als käme seine Stimme *aus 1 anderen Wald,* doch DER und *spornt* die Augen
bin lebensunfähig geworden. Aber die ersten weiszen Veilchen an seinen Lippen / Tannen Händchen völlig verkohlt auf dem Estrich in meiner Kammer / indes immer und immer wanket mein Herz wie mein Fusz

16.3.08

der lächelnde weisze Schwan auf dem weiszen Badetuch = Scardanelli Version

da ich / wie junge Füchse stanken (geographischen Eltern) da ich
1 Knabe war, Hölderlin, Rose von Schnee inmitten Frühling, endlich
im Gehäuse Maria Callas' Stimme Vogel Musik erlesene stürmende
stürzende Träne in Erinnerung jenes Sommers in Altaussee : Was-
sermannhaus mit Hans H. und Helene als wir auf dem schmalen Bal-
kon und in der Tiefe der See schwärmte im Dämmerschein des
Abends
und *geselligen Bäume –* und scheu der Vogel der Nacht trauert
wie einst Thomas Kling auf der geborstenen Säule mit ausgebreiteten
Flügeln ehe er starb dieser rauhe und zärtliche Held : Liebling
des Gesanges sein Aventüre Leben nämlich *schlenkerte* mit den
Armen / *overdressed die Natur* indessen unbeweint werde ICH sein
o du prophetische
die verblühten Mimosen in der zerscherbten Vase die ehmals blühen-
den duftenden Sträusze : Süsze der Bäume : nun nur noch Gespenst
Gestrüpp Skelett (wie auch wir dereinst usw.) und ahmt die kl.Schrit-
te die immer wehrloseren Schritte des Leibs der Seele / und immer
(*nimmer*) habe verborgen ich lebenslang den Schmerz die Panik die
Einsamkeit, in meinen geflügelten Wohnungen, habe auf 1 × die rote
Lilie gesehen auf dem Parkett im roten Patio (*Pomp*). Durch die
jungen Blättchen hindurch kann ich ihn sehen und als dunkle Vogel-
schwinge an meinem Auge vorüber vermutlich Strähne aus meinem
Haar
am Morgen in der Waldtiefe im Windbruch nämlich seitlicher Blick
aus halb verhangenem Himmel sah ich ihn vorüber *weiden und wischen*
zu (Garten) Garben die geselligen Bäume Höld., im rauhen Frühlinge
wo die Weinberge und geplätteten Felder da oben beim Wegkreuz wo

wir wandelten / stillestanden, schauten den weiszen Horizont der sich entzündet hatte in weiszer Glut (glimmt und schimmert und *schädelfrei*) nämlich Leberblümchen WILD am Waldrand, und wie der Boden blau sich verfärbte

24.3.08

sie vermute der Flieder im Schulhof, sie sehe nicht so gut, aber
sie habe, es sei 1 Streifen *Fliederfarbe* zu erkennen gewesen, nein
keine Dolden fliederfarbene Dolden, sie vermute, es sei nur 1 Ahnung
1 Flüstern, 1 fliederfarbenes Flüstern gewesen was sie vernommen
hatte als sie das Fenster öffnete und hinaussah (1 Schlehdorn 1
Geiszblatt und Clivia)
Scardanelli viel war mir teuer, *der frommen Gärten*, die Felder von
Beeren heftigen Beeten Bosketten, in diesen Städten mit gelben Nar-
zissen Tupfen und Tulpen *also beseelt und bemalt usw.*, auch windge-
peitscht während die zartwüchsigen rosa Malven im Vorgarten in D.
unzählig 1 Blühen auch, nämlich die Rosen und Auen wie endlose
Jugend
(verglüht) und endlos das Alter dieser verglühende Äther. *Wie Bett-
chen Bottich* das Regenwasser aufzufangen : Schlieren Wassers und
Alpen während drauszen die Ziegenherde – doch lächelst du :
rätselhaft weises liebliches Lächeln : nie vorher dieses Lächeln
an dir erkannt, was mich verwirrte ALS ICH SPRACH ZU DIR WIE NAH
DER TOD MIR und dasz ich Jahr für Jahr mir Aufschub erflehe und
wie du darauf mich umarmtest. Damals in Bad Ischl, Zichorie und
Waldgehölz, wie sie sich *krallten* mit zärtlichen Füszen : klammer-
ten am schwankenden Epheu unter dem Gasthof Fenster : SPATZEN
Mei-
sen Stieglitze im gleiszenden Morgenlicht, damals, und ich zu
weinen begann : wie sie zitterten im windbewegten Blattwerk sich
wiegten auch schaukelten, schnäbelten zirpten dasz ich nicht ab-
lassen konnte vom Fenster aus sie ans Herz (zu drücken) mit ihnen
sprach, lautlos, wie Valérie B. sprach zu den Ringeltauben im

knospenden Kastanienbaum dessen Zweige beinahe ins Fenster, während die Purpurblume des Vorfrühlings (oh sweet April . .)

für die Freunde Bodo Hell,
Valérie Baumann, Elfriede Haider

1./2.4.08

als sie noch 1 × winkte beim Abschied als ich noch 1 × winkte beim Abschied nämlich im gleichen Augenblick, dachten wir wohl beide die Worte des Dichters Konfuzius »beim Abschied hatte der Wirt so lange am Tor zu warten, bis der Gast sich nicht mehr umsah . .«

während der Fliederbusch wehte, während die Füsze der Amsel sind abgefallen, während der Freund einen Feigenbaum gepflanzt, während der Lerche Lied zu den Blumen flüchtet so immer mein Herz, Scardanelli. Natürlich die Kamelien und die Küsse des Freundes, die Himmelfahrt ihrer Stimme (Maria Callas), *diese Gräslein im Teutoburger Wald* als ich aus dem Zugfenster (*wähnte*) inmitten Leberblümchen Fluthen (dergleichen) –
als wir den Hang hinauf zu den Gehöften des Leopoldsbergs nämlich der Frühlinge Glanz sobald der Geist sich malt und dichtet, und trotziger Sonne Strophe, *während der Fliederbusch weht*

für Christel Fallenstein

3.4.08

diese Gräslein im Teutoburger Wald *wähnest du* da die Weser
den Berg durchschnitt nämlich 1 Tal schnitt dasz es 1 Tal
war und würde nämlich die Schlehen in diesen feurigen Tagen
während am Rande der flitzenden OBJEKTIVITÄTEN die goldenen
Vögel (spät aufgewacht aufgestanden gegen die Wand getappt im
Rückwärtsgang um *Libussa* im Fensterausschnitt : bin keine dasz
man sie liebe). (Deine Schweigsamkeit : der Abend an deiner
Seite und deine Küsse, dieses Fest der Langsamkeiten Reglo-
sigkeiten, eingefalteten blauen Gardinen und Fetzchen am
Fenster *und des Aprilgartens*
haben 1 Quartett von Penderecki gehört (»flow my tears« John
Dowland wenn aus den Schnäbeln und Wolken hellere Welle sich
herabgegossen, Höld., auf der Fuszmatte vor der Wohnungstür
1 gelbe vergessene Blume. Ehmals und jetzt voll Trotz und Angst
(meine letzten Jahre) und seiner Friedens Jugend von allen
Lebensgenossen *auch die entzündbare Brust der Strophen*

für 1 ungenannt zu Bleibenden

5.4.08

ich auch den weich' Kräutern, Höld.

ich auch den *weich' Kräutern* alle Stimmen Maria Callas' nämlich in meinem Schädel. Vergiszmeinnicht in meinem Schädel der Sturm tobt die Angst Veilchen Vergiszmeinnicht in meinem Schädel die Einsamkeit tobt die Verzweiflung in meinem Schädel die Angst tobt der Schrecken. Venedig und Veilchen Vergiszmeinnicht Wahn und Wäldchen des Alters in meinem Schädel renne zum Veilchenbusch Fliederbusch noch keine Blüten kein Duft gegenüber *die Wander Klassik* (der Schneider Aslan Gültekin) sein weiszer Schädel die Himmelschlüssel Anemone Päonie in meinem Schädel hl.kl.Frau im Fenster mir winkend mir lächelnd versinke in Blumen Tränen Küssen Veilchen Vergiszmeinnicht Augen der Mutter Kehlen der Vögel : schönen Schwalben Lieblingen meiner frühen Tage nämlich *die Wander Klassik 1 Jimi Hendrix steht an der Straszenkreuzung* / es sei als sei es 1 Maientag rauschender Mai unter der Kuppel des Blattwerks des Baumes hin durch den Maientag Rosen der Augen der Auen im Südwind durch diesen Tag während die Tränen sind vom Himmel geflossen und sprieszend an den Ästchen (Kätzchen) des Waldes in meinem Schädel des reinen Waldes unter dem Himmel unsterblichen Himmel. Verzaubert ist mir die Welt und fiebrig in meinem Schädel Nachtviolen Fuchsien Weiden Pinien und Reseden lauschend im Garten (ich) Krokus und Haferkorn auch, kirschenessend in tiefer Nacht, auch, *ich auch den weich' Kräutern*, Hölderlin

12.4.08

und so schreie ich zu mir / wie die Lämmer im Feld

das Lamm wird zum Hirten der Hirte zum Lamm und so schreie ich zu
mir dasz mir die Kehle heiser und es schnürte mir die Kehle es
schnürt mir das Herz der Himmel verdüstert bin Maler gewesen
während ich Ueckers Nagelbett, während Ueckers Nagelbett
mein Be-
wusztsein durchbohrte was mich berauscht. *All die kl.Schultern* abge-
hungerte Sprache nämlich Wetter (Violen) wenn Nüsse und
Moleküle ach
Venedig sei in weiter Ferne *und einäscherte meine maritime Seele* so
kl.Marginalien Narrphantasien, ach Venedig so unerreichbar, ich habe
John Updike nie getroffen, nur eines seiner Gedichte gelesen, und in
den blauenden Nächten die riesigen Ulmen mit ihrer rissigen Haut, als
die Mutter schwankend an 1 Ostertage wie sie stieg mühsam entstieg
dem
Wagen und wir mit ihr in den Schwarzenberg Garten (wo sie spielte
einst
mit ihren Geschwistern) ich hatte bei ihrem Anblick zu weinen be-
gonnen und konnte nicht sehen wohin meine Füsze mich trugen
etc., von
den Geist Zweigen *wo der Zeisig mit pausengesättigtem Glanz seiner Mu-
sik* – und grüszet deine Erblühten wie mein Auge die BLUM, nach-
ziehen
des Fuszes, wache mit Gärten auf und Violen, in ihren Armen als sie
von Kreta kam : Sträusze von Bougainvilles und ich sie *auf die Brief-
waage* dasz sie herniederkringelten rosa Blüten / rauschend der Flusz in
ihren Armen : DAS MEER nämlich vom Meer besprengt : gesegnet,
und sah
meine Thäler und grünte mein Garten als noch das Auge blühte mir in
der Kindheit

also das Sträuszchen Traubenhyazinthen aus einem Garten mit
1 Seidenfa-
den geschnürt mit feuchter Serviette umwickelt dasz der Durst gelöscht
würde der Blume, aber *ergrauten* schon nach 1 paar Tagen, aber 1
liebes Glück 1 Andenken an reichere Tage . . Adelheid mit dem
geknüllten (süsz geknüllten) Gesicht weil sie so lachte sich freute
über das Wiedersehen, damals mit einer Schwertrose ans Kranken-
bett, was
er abwehrte, dasz ich erschrak (als er *todgewintert*) und abwärts.

19.4.08

viel war mir teuer. Für Christel Fallenstein zum 3. Mai 2008

die *zerbrochenen* lila Blüthen nämlich den Fliederwald mir ins Zimmer gestellt ins verweinte Gelasz. Drauszen der Frühling die unzeitigen Stürme (»Quellen«), *habe mich in 1 Schaf gekreuzigt*, stehe
am Fenster blicke in des Gewölks Locke nämlich diese Gewitter / Götter im Leibe (auch) in dem getrübten Himmel wie Wächten (auch) von Spätschnee : die Dachaufbauten von gegenüber, Rätsel der Brust lustathmend frischen Waldes Ozean und erster Blumen Inseln

Entzückung,

stürze versinke in solchen Busch von rosa Pfingstrosen hinter dem Gitter des fremden Gartens im Vorübergehen, der verwilderte Garten : riesige Halme Grashalme Dürers Rasenstück weine und mühe mich die steile Strasze hinauf und *herztriefend* (gibst mir die
Hand) *tieftauchend* in diesen Garten : Päonien. Umfange Päonienbusch rosa erblüht dieser fremde Garten : still ohne Bewohner so schien es

und waren die Kleider nasz vom Weinen als ich erwachte
(damals, und nahmen abwechselnd 1 Wäschestück in die Hand,

drückten

es legten es an die Wange und fragten einander *ob es auch wirklich trocken sei*, nachdem wir es aus der Trockenmaschine, wirklich, nur die höchsten Wipfel seien zu sehen gewesen im Dachgarten vis-à-vis weil 1 Mäuerchen,

1.5.08

»da ich 1 Knabe war . .«

es werden sein wieder die Flocken das silberne Feuer die frierenden Toten in ihren Hülsen, aber jetzt ist 1 Mai die Stimme der Nachtigall (noch nie gehört) während ich absuche den Himmel nach der 1. Schwalbe : Freundin meiner frühen Jahre in D., damals das Herz erfüllt von ewiger Freude und Rauschen der Lüfte ich erinnere mich und ich an der Hand der sanften Mutter welche wie BLUME mir zugewandt welche mich liebte wie sonst niemand je mich geliebt hatte an den Abenden im Innenhof des Hauses die Glühwürmchen lockten

der

Mond schwebte in seinen Gestalten, die Sterne fielen herab. Eingebettet war ich in immerwährende Freude, Beständigkeit der Birnbäume vor dem Tor, die Maulbeerbäume verbluteten, ihr schwarzes Blut auf der Dorfstrasze, die Monstranz der Holunderbaumblüten, 1 Brise am Morgen, *1 Marginalie an diesem Ufer, ich auch den weich' Kräutern am Schlund der Zeit*

9.5.08

»du Blüthe der Blüthen« Hölderlin

(diese robotisierende Sprache : als er anfing / Gaudium / wie 1
Roboter, abgehackt, zu sprechen)
äuszerst sparsam : verschwenderisch in den Gefühlen verein-
samt in der *überquellenden* Natur nämlich *Quellen* in den Alleen
damals in Bad Ischl als wir im Schatten der breiten Kronen und
die Tiere : Käfer und Köter, wie Herzblut, und die Pferdewagen
auf der Hauptstrasze (schnalzend) und Glockenspiel das die Ohren
mir beinahe sprengte. Vor dem Fotoladen war die Hitze am
gröszten der (windige) Pharmazeut uns entgegenlief als wir
unterwegs an den Eistüten nippten / leckten – dies alles zum
Heulen und doch, welche Lust zu leben oder wie Vater sagte, dort
drüben kann ich immerzu schlafen, verloren werden sein alle
anmutigen Frühlinge Sommer Küsse und herzzerreiszenden Poesien,
während die jüngeren Freunde bald vergessen werden den der da
wegging wegblieb plötzlich tatsächlich *wegblieb* MICH. Durch die
Ostfenster *wütet* das grelle Mailicht als wollte es mich nieder-
zwingen also bin ich 1 schweigsamer dennoch seliger Köter folg-
sam und ängstlich jederzeit bettelnd um weitere Tage (ehe die
Himmelfahrt
weiszt du noch, sage ich zu mir am Morgen jeden Morgen an welchem
ich vor Seligkeit und Angst die Tränen vergiesze, weiszt du noch,
die Bilder in meinem Kopf rasen wie irrwitzige
dieses mein Leben im Robinienflor die Gärten im Hauch der Lilien
Glyzinien Nachtviolen – Trauben von himmlischen
und Ergötzen

für Pia-Elisabeth Leuschner

14.5.08

dann hört alles plötzlich auf auch die Lerche Narzisse die Nachtigall die unscheinbar in dem Blätterdach die ich nie sah nie hörte, die mit roten offenen Schnäbeln pfeilenden Dorfschwalben : die sind jetzt 80 die werden lange leben auch die rosa Päonien in den fremden Gärten, die Zeisige Wühlmäuse Maulwürfe die in den Grabhügeln wohnen. Dann geht mir die Sprache verloren : abhanden, der Mond dem sie lange schon sein Geheimnis entwunden, die 1.Kirschen, die Gänseblümchen der Mohn, die kl. Hunde, Weiszdorn und Nachtviolen, *die Bürde meines Gewissens* das Kästchen mit der Asche der letzten Verwandten alles verloren herausgerissen aus meinem Herzen getilgt keine Erinnerungen mehr an die Erde : Glorie Welt
(fand heute morgen den Regenschirm des Freundes gänzlich verstaubt und verbogen in diesen 8 Jahren da man vergessen auf ihn . .)
»love me love my umbrella«, James Joyce

behutsam mit den Augen zu winken (mir nach) und liebkosen und küssen mein letztes Gedicht : das eben fertig geschriebene allerletzte Gedicht und wie die Tränen drüberrollen dasz die Zeilen zerflieszen nämlich *1 Zirpen* das keiner mehr hört usw

19.5.08

im Grunewald / »oft ich weinend und blöde« (Hölderlin), für Heidrun Loeper zum Geburtstag am 7.6.08

1 Kirschbaum seine glatte Gestalt : glänzende Rinde unter welchem du gerastet auf deinen Spaziergängen / Wanderungen und dein Rücken an seinem Stamm das feuchte Moos unter den Füszen und lauschtest dem Vogelruf verstandest wohl seine Sprache, blicktest zum Himmel wo die schweifenden Wolken, während das Wildgras die Goldregentrauben der Essigbaum das Wiesenschaumkraut der Huflattich, die Pyramide am Horizont : Nachbild eines Giebels von gegenüber sobald ich den Horizont fixiere –
(»oft stand ich überschauend das holde Grün in den Lüften auf hellem Gebirg und dich sah ich bei schwanker Weide / einst war ichs, doch wie Rosen, vergänglich, das fromme Leben«, Hölderlin) nämlich mit zerrisznen Gefühlen, die historische Tiefe der Kindheit, der Schatten des Napfs hinter den Jalousien im grellen Morgenlicht usw. Die reifen Gerstenfelder im Haar so gelb so blond meine Verlorenheit (»ich auch den weich' Kräutern«), *die gelben Haare der Frauen* : 1 Bild von Picasso die Tränen flieszen die Bilder in meinem Kopf rotieren rasen ich liebe die Erde die Blumen den blassen Mond der Regen vorhersagt . . wenn aus dem Himmel wenn aus dem Himmel die Fackel des Taggestirns wenn das Feuer des Morgens wenn die Robinienfächer (Hibiskus)
endlich die 1.Kirschen im Körbchen

29.5.08

dasz sie mich herzt, die Zeit, Italiens Lorbeergärten, »die mir geblieben sind die blühend holden Gestirne zu oft mich dessen« Höld.

diese kl.Mumie Fliederblüten Mumie : Stämmchen mit verblaszten
Blüten ver-
wehtem Duft das mir 1 Freund abknickte vom Fliederbusch an der
Ecke dort
neben dem Kiosk (am Schlund der Zeit usw.) hatte Stacheln bekom-
men im Tode
: das, dieses ganz und gar vertrocknete verweste Fliederstämmchen
gebrochen
vom Fliederbusch und wie es Wasser getrunken hatte von meinem
Glas, 1 Brise
an diesem Morgen während das Zirpen. Ich klemmte es an 1 Blatt
mit Notizen
seine zusammengerollten Blätter wehrten ab jede Berührung zer-
brachen zwi-
schen den Fingerspitzen wenn man sie anfaszte, die Brise an diesem
letzten
Morgen des Mai als ich das Fenster weit aufschlug die zärtlichen
Atemzüge
des Sommers (der Wecker vergraben unter *Linnen* : Fetzen Papier
mit Noti-
zen welche ich schon nach einigen Stunden nicht mehr zu entziffern
ver-
mochte – ebenso *der Estrich* mit ungeöffneten Briefen bedeckt dasz
ich schlit-
tere und wie auf Schlittschuhen . .), die Schönheit des Wahns im
Herzen.
Trug *baby-doll-Kleidchen* : Mode der 70-er-Jahre sah unförmig aus,
JAJES,

sagt Christel F., 1 Eselsbrücke zu ihrem, der Germanistin aus
Bremen, Name.
Der Thau die Tränen. Die seeligen Schwalben pfeilten durch den
Maitag, da-
mals, mit roten Schlünden, Farbe der Kirschen, während die Taube
mit äch-
zendem Flügelschlag
2 Taubenfüsze auf dem Küchenboden 2 Kirschkerne nackt,
geschrumpft wie
Totenköpfe nämlich ARKADIEN unter dem Frühstückstisch :
Schaufel und Hand-
besen 1 Dose Basilikum 1 Dose Weihrauch Drops 1 Schwanen-
transport, so
Frank o'Hara. Damals in den Schaufenstern der Arkaden (Meran)
die kandier-
ten Früchte Fische und Tränen, und 1 alter französischer Film im einzi
gen Kino, wir stiegen den Tappeiner Weg hoch wo ich glaube, die
Wässer-
chen, rieselten zu Tal und die bunten Gewänder der Wandernden
wie blaue
rote und grüne Rosenkugeln, wanderten zwischen Rainfarn und
Weiszdorn-
büschen zum Dorf Tirol wo bei Rotwein und Küssen
(zerreisz ich die Haare)

31.5.08

meine Hysterie ist die Sucht geliebt zu werden ist die Angst nicht mehr schreiben zu können ist die Angst sterben zu müssen

Hyperventilation. Im nächtlichen Laube der Linden die Nachtigall
oder Mond-
schein.
1 Augenaufschlag Wimpernschlag über dem Schopf der Fliege, ihr
Facettenauge
mich anstarrend : taxierend (ob ich sie töten würde) : 1 Umspring-
bild von
Escher. 1 Fliege ist 1 Fliege im Sommer sobald Mutter sagt, 1 Fliege
ist ge-
fährlicher als 1 Tiger. 1 Fliege ist 1 Fliege im Winter wenn ich schwesterliche Gefühle. Ich verjage sie, obwohl wenn sie zu Tode erschöpft
auf dem
karierten Tischtuch des Küchentischs, schone ich sie, ich blicke sie lange an kann mich mit ihr identifizieren – siehe Marguerite Duras. Sie kriecht sehr langsam ins Ambulanz Häuschen : wie ich selbst wenn ich ganz
und gar
kraftlos, geschwächt von 1 Besorgung nach Hause (krieche). Auf dem
Land gab
es 1 Honigfalle die von der Decke herabhing, schwarz von Fliegen
welche den
unwürdigsten Tod erlitten hatten.
Sie blickt mich an mit ihrem Facettenauge, vergibt mir dasz ich sie jage, verfolge, miszachte
»ich auch den weich' Kräutern« – *geh vor die Hunde*

(nach 1 Foto von Brigitte Steffanek, Thema Hysterie)

2.6.08

vor Sommer die Andachts Alm aber wie rohes Holz auch die Geiszen

für Bodo Hell

mögen dich begleiten in deinen Alpenrosengarten die roten und
grünen Rosenkugeln aus der Wildnis des Kamptals das Flüstern
der Seelen der zungenleckenden (Salz) Rinder Schafe und
Geiszen welche der Poesie so verwandt, die weich' Kräuter
(Höld.) Winde und Regenbogen nackten Farne Schnecken und
Schluch-
ten in welche stürzen mit schwanken Läufen die jungen Lämmer zu-
zeiten und der Hirte sie dann über der Schulter (quer über
dem Nacken wie den berauschten Freund, damals) hochträgt und
stillt ihre Wunden –
mögen begleiten / geleiten die Gebete aller dich Liebenden
(Gebete der toten Mutter die im Buckelkorb auf dem Rücken du
einst in die dünnere Luftschicht und welche mit getrübtem Auge
dennoch die Feen Wolken atmete anstaunte ahnte
während am Fenster liegend ich weine : Billie Holiday lauschend
und Klaus Reichert am Telefon zitierte BUBER : »*Braus Gottes
schwingend über der Tiefe*«

13.6.08

mein Tod mein Tyrannchen meine Lebensglut ohne Ende

so weine ich hocke mit der süszen
Blindschleiche unter der Blechgieszkanne in ihrem
Garten in welchem das hohe Gras *wie niedergemäht* aber es ist
der Wind der die Sommerwiese in seinen Armen (wiegt) und zu
sich niederbiegt 1 Sonnenharfe 1 Raupe während an den Haus-
wänden Geiszblatt Klematis und Fingerhut Digitalis und schwarze
Rose (im Glas in der Stube)   oh sinkende Nacht meiner
bangen Seele, 1 einzelnes Haar ringelte sich 1 Schlange meinen
Rücken hinunter von dessen Halbfinger Digitalis ich sog usw. oder
diesem Waldklang diesen Wildnissen ich erlag mich hingab, *das*
LUMEN / Licht meines Gewissens (Gebisses) – immer leiser
wird mein Schlummer, Brahms, nämlich still auf dämmerndem
Grunde *die Welle wellte* nach Hölderlin

für Angelika Kaufmann, nachdem sie telefonierte

1.7.08

ins Gamben Grab den nassen (nackten) Körper über den Wassern ausstreuen die immer noch murmelnde Asche dasz sie mich hören können die Freunde Sturmhecken und geliebten Violen, den Rosenstock Jamila im Rücken während ich lausche den Versen Petrarcas in meinem Asyl oder Kokon. Umsaust von Ufer und weil Gestade wie Spangen hielten den Flusz an diesem Ort wo die Zypressen, nämlich geträumt geträumte Zypressen während ich den kl.steinigen Hügel tappe weinend ins Tal und die Grashüpfer Libellen und jungen Hasen mich anblicken, dröhnenden Hallen in meinem Kopf Schädelknochen und Kapsel mit Tannen und tanzenden Faltern, Vögeln welche in diesen Monaten verstummen, *Ataxie einer Natur* welche schwankend mir vor Augen während die Traun mit den jungen Enten und Schwänen vorüberfliesz t, ach wir fl ieszen mit ihr sie nimmt unsere Tränen und Träume mit sich, und stoben. Die langentbehrten Freunde Geliebten, und lesen in ihren altgewordenen Körpern und Köpfen und lieben sie wieder wie einst mehr noch und wie sie mich küszten wiederküszten am Ufergelände wo wir allesamt einsamen Menschen die Häupter der Weiden (Hausgenossen Gottes?) mit rot Zacken (Füszen) wie Heinz Schafroth sagte – im Haus im Hemd und *bettelarmen Analogien*

2.7.08

ach selbst im hohen Alter möchte man sich die Welt noch erklären lassen, 1 Begegnung mit Franz Josef Czernin

den Herzwein getrunken, es sei 1 Sonne auf SEINEM Gesicht (oder Reflex einer Sonne) aufgegangen, erinnert sich Franz Josef Czernin, oder der Mondstrahl, als ich in der Tür des Lokals in welchem sie beide gesessen waren, aufgetaucht war, damals : es war mir wohl nie ganz bewuszt gewesen wie sehr ER mich liebte vermutlich weil *meine* Liebe zu IHM alles verdeckte. So war es damals geschehen, erinnert sich Franz Josef Czernin bei unserer Begegnung im Café, verfallen mein Gesicht als ich dann, bevor wir uns trennten, im Spiegel der Toilette mich betrachtete, *hinfällig* nämlich, auf der Rolltreppe als stürzte ich schrägen Leibes in 1 Schwindel rückwärts die Treppe hinab des taumelnden Italien. Zuhause der späte Abend im zirpenden Juli während im Korridor die knisternde alte Rose im Glas schwarz sich verfärbt hatte
inkliniere zu Einsamkeit. Doch wie Rosen, vergänglich, das fromme Leben, Hölderlin

für Franz Josef Czernin

3.7.08

Pötzleinsdorfer Schloszpark mit Reh fotografiert von Julian Schutting vielleicht auch Fresko

es äugt das braune Ding inmitten hoher Gräser schwellendem Blüthen
hain Hagedornsträucher (Weihe der Unschuld) das LUMEN eines Mitt-
sommertags, es äugt es steht ganz still (film still) mein Auge
blickt zurück das Reh im Meszgewand, ich grüsze seine zärtliche
Gestalt es blickt mich an es steht seit 1000 Jahren mir zugewandt
so wird es lange bleiben es äugt es werden viele Sommer
vorüberwehen an seinem Aug an seinem Angesicht es äugt es
blickt mich an mit wachsamem reglosem Leib, Wollhaaren der An-
betung vor der Brust (mittels kopierter Stimme blutendem Ohr)
auf der Feldhöhe lichtem Wald durch welchen nachmittägliche Son-
nenstrahlen sickern und tauchen ins wehende Gras
(zerknülle weinend die Vogelherzen Anatomie einer punktuellen
Sprache Kirschen essend in tiefer Nacht während Nachtigallen
(Zikaden) schlagen und (zirpen) vielleicht auch Eichkatzen flüch-
tig, glückliche Feldhasen – endlich eisernes Abendrot mit
flücht'gen Schellen)

für Julian Schutting

5.7.08

oh Phantasus, mit Kornrade, zerbrochenen Blüthen

ich werde zwischen den Rosenkugeln gehen in deinem Garten und
mit der Gieszkanne deine Blumen und Bäume gieszen, alles wird
langsam geschehen bei Sonnenuntergang, dann werde ich plötzlich
die Gieszkanne fallen lassen zu dir laufen der du unter dem
Weiszdornstrauch, mit 1 Buch, und dich umarmen und küssen
weil die Stunde so glücklich, und mich versetzen wird in jene
Tage in D., da ich 1 Kind war, und du wirst rätselvoll lächeln
wenn ich sage, *bald wird meine Todesstunde*, und abwehren mit den
Händen und die Musik aus den Wipfeln der Bäume die du gepflanzt
und die Maulwürfe mit den Perlenaugen vorüberhuschend uns grüszen

für Bodo Hell

19.7.08

die Leinwände Maiglöckchen 2008

Gesänge von Manie der alte Föhrenarm gebrochen, athmet der Waldrand der Schmerz und preszt sein Blut aus diesen süszen Adern, ich bettelte um Einsamkeit Geborgenheit gesellschaftliche Gnade, Updike, und in der Ecke dort der schwarze Herrenschirm. Vollbusig mit 15 vor dem groszen Spiegel zur Anprobe des neuen Mantels beim Herrenschneider das Elternpaar prüfend im Hintergrund, Tofu gegessen mit heiklen Röcken Freunde begrüszt, schlummernd 1 kl.brauner Falter an die Wand geklammert, so Himbeertag und HEIMCHEN wie die Strahlen weinen des Sonnenlichts nämlich herniedertropfend die grauen hundertköpfigen Wolken Geister. Wie Knäblein (Lämmer) reisz ich die Augen schön mir aus der Himmel heult wie soll ichs sagen die Ahnungen dieses Sommers Sommermorgens, es ist 1 Schlachten als in dieser Welt 1 Bettstroh -stock, du sagst, sie proben schon den Abschied versammeln sich auf Bäumen Telegrafendrähten *verhüllen den Kai, 1 Vogel Respekt.*
Die Traun die Laternen glühten, die Feldmäuse jagen zwischen den Hecken, ich war ertrunken in dem Garten, 1 Looping ohne der Worte Sinn zu kennen

für Maria Gruber

31.7.08

sei du bei mir in meiner Sprache Tollheit du hast
die Blumenkränzchen mir ins Haar gedrückt da ich 1
Kind. Vom Schein des Monds, geblendet war vom Lilien-
glanz des hl.Gestirns von dessen Angesicht, das Meere
wälzt und ruft und wieder läszt, und wurde längst
erforscht an jenem Tag als wir geflüchtet Hand in Hand
durch Wälder Büsche Rosengärten oh solch Verzückungen.
Und reichtest mir die Hand damals als die Treppe Stein-
treppe wir hinunterstürmten dasz ich nicht fallen solle
ich liebe deine Seele Geist und hl.Leib oh sei bei mir
in meiner letzten Stunde da auffliegt der Sperling über
der Hecke da Mond und Regen Wald und Frühlings Hauch 1
letztes Mal mich küssen werden und weinend Abschied
werde nehmen müssen vom Glanz der Erde Blättchen Pappel-
herzen, es war mir nie 1 Jammertal. Zierlich in Lumpen
von Spitze und Oleander, und zungenwarm von Mund zu
Mund und *slumber*
(so scheide ich von dieser Welt, »und dasz du meine
Seele heiltest weil sie vor dir gegrünet hat« Augustinus)

5.8.08

zum schallenden Ufer der Schmerz ist die Welt und es beginnt schon am Morgen das unbegreifliche Flieszen der Traun die Einsamkeit grosz. Der Stein vom Meer unter dem Kissen wo sind die Wälder die Blumen das Gras *die Gräslein*. Da ist die Hand die sich zurückzieht indem sie sich mir entgegenstreckt da ist das eigene Spiegelbild über das ich erschrecke da sind die Vögel auch sie unerlöst da ist die Schädel Amphore da will ich sterben oder der *Weidenkranz*. Wir halten uns an die Schrift weil 1 anderes Geländer haben wir nicht, Thomas Kling. Der Kohlweiszling nämlich, der Vogel der Dämmerung schwirrt UNBEQUEM vor das Auge mir, *Waterloo mit Veilchen und Blitzen*

20.8.08

so ruht so kühlt die Flamme die ihr
voll Asche seid doch der, und *spornt*
die Augen

leg mir nur *1* Blume auf das frische Grab nicht
Kranz nicht Tannenhändchen Palmenhaupt und 1 Grusz hinüber in
das fremde Land das ich niemals betreten wollte. Besuch mich
nicht an meinem Grab es hilft mir nicht ich bin schon
tot. Ich bin so traurig jetzt und habe Angst vor dem
Verlassen dieser Welt die ich so sehr geliebt mit ihren Blüthen
Büschen Bäumen Monden mit ihren wunderbaren nächtlichen
Geschöpfen. Mein Leben war zu kurz für meinen Lebenstraum

für Edith Schreiber

21.8.08

bin Christenmensch, im aufgeschlagenen Fenster die Seenplatte am
Morgenhimmel, 1 Krümel Leben zwischen den Fingern zerrieben, gehe
vorgebeugt wisch mir das linke Auge : kleiner geworden, all dies : die
verknoteten Morgen das schwindende Augenlicht, der grüne Staub in
den Adern das kontinuierliche Altern : du kannst zusehen : dieser
Schritt in die Ewigkeit (unterbrochen von harten Hustenanfällen –
Almlunge nämlich) der Schatten jetzt auf der anderen Seite der Gas-
se weil schon September –
einst schliefen wir Tür an Tür, riefen einander zu, oh wie schön wir
es haben!, bis tiefe Nacht und der Bach rauschte neben dem Haus, am
nächsten Morgen hinauf ins *Jubelzimmer* wo die Maschine, und der
Blick
auf die Berge. Wo ist der duftende Wald hingekommen, habe den
duften-
den Wald nicht mehr wiedergesehen mit den Rehen Eichkatzen
Nachtvögeln
fallenden Blättern Ende August usw. Die Nattern nämlich woher das
Fleisch des Gedichts, fragte er damals ich wuszte es nicht.
Unten im Lichthof am frühen Morgen lärmend die Mülltonnen,
pfeifend
die flügelnden Geister : jeder Tag 1 Geschenk jeder Blick jeder
Druck der Hände. Der Abdruck der nackten Füsze im Staub der Dorf-
strasze in D., wo ist dieser Abdruck der Füsze hingekommen wohin die
frühen Sommer, tieffliegenden Schwalben mit ihren blutroten Kehlen
Insekten auffangend. In diesem Jahrtausend zu leben, zu leben von
der Substanz, *schreiben je nach Lektüre* (er pflückt mir 1 kl.selbst-
gezüchtete Mandarine / Limousine aus dem Vorgärtchen, vor dem
Schau-

fenster seines Ladens, drückt sie mir in die Hand, lasse sie gleiten ins Nebenfach meiner Schultertasche, während er sagt, du bist 1 Mutter Teresa. Am Morgen die beiden Kopfpolster naszgeschwitzt,

spucke

Blut oder Brotkruste, Nachsommerhitze oder Krankheit der Lunge, im Rücken das unangenehme Gefühl der beiden nassen Polster. Ich lese in den Gedichten der Jorie Graham, 2-sprachig, blinzele nur ausnahmsweise auf das englische Original usw.

Hatte ich im Garten *geschuftet* Dornen gesät : mir in die Fingerkuppen der rechten Hand Dornen gesät, zerzauster Strauch der sterbenden Nachtviolen neben der schwarzgewordenen Königskerze.

Zerlump-

te Blumensträusze in kl.Kübeln auf der Toilette : Fäulnisgeruch verströmend wie Aufbahrungshalle.

Diese Sehnsuchtsberge, Rotkehlchenträume, die verzettelten (einzelnen) Schuhe im Flur – nachts zur Toilette wankend stolpere ich darüber, ach welche Seligkeit : Couperin aus dem Äther

damals aber vor wievielen Jahren die *sommersprossige Halde*, die wir, einander an Händen haltend, ins Tal liefen, sehnsüchtige Bäche uns blühten, Höld.

4./5.9.08 5 Uhr früh

Inhalt

39 dasz sie mich herzt, die Zeit, Italiens Lorbeergärten, »die mir geblieben sind
die blühend holden Gestirne zu oft mich dessen« Höld.
41 meine Hysterie ist die Sucht geliebt zu werden ist die Angst nicht mehr schreiben zu können ist die Angst sterben zu müssen
42 vor Sommer die Andachts Alm aber wie rohes Holz auch die Geiszen
43 mein Tod mein Tyrannchen meine Lebensglut ohne Ende
44 ins Gamben Grab den nassen (nackten) Körper über den
45 ach selbst im hohen Alter möchte man sich die Welt noch erklären lassen,
1 Begegnung mit Franz Josef Czernin
46 Pötzleinsdorfer Schloszpark mit Reh fotografiert von Julian Schutting
vielleicht auch Fresko
47 oh Phantasus, mit Kornrade, zerbrochenen Blüthen
48 die Leinwände Maiglöckchen 2008
49 sei du bei mir in meiner Sprache Tollheit du hast
50 zum schallenden Ufer der Schmerz ist die Welt und es beginnt
51 leg mir nur *1* Blume auf das frische Grab nicht
52 Elegie auf Jorie Graham